La perla del dragón

Hace muchísimos años vivía un dragón en la isla de Borneo; tenía su cueva en lo alto del monte Kinabalu.

Este era un dragón pacífico y no molestaba a los habitantes de la isla. Tenía una perla de enorme tamaño y todos los días jugaba con ella: la lanzaba al aire y luego la recogía con la boca.

Aquella perla era tan hermosa, que muchos habían intentado robarla. El dragón la guardaba con mucho cuidado; por eso, nadie lo había logrado.

El emperador de la China decidió enviar a su hijo a la isla de Borneo; llamó al joven príncipe y le dijo:

—Hijo mío, la perla del dragón debe formar parte del tesoro imperial. Estoy seguro de que encontrarás la forma de traérmela.

Después de varias semanas de travesía, el príncipe llegó a las costas de Borneo.

A lo lejos se recortaba el monte Kinabalu, y en lo alto del monte el dragón jugaba con la perla.

De pronto, el príncipe comenzó a sonreír porque había trazado un plan. Llamó a sus hombres y les dijo:

—Necesito una linterna redonda de papel y una cometa que pueda sostenerme en el aire.

Los hombres comenzaron a trabajar y pronto hicieron una linterna de papel. Después de siete días de trabajo elaboraron una cometa muy hermosa, que podía resistir el peso de un hombre. Al anochecer comenzó a soplar el viento. El príncipe montó en la cometa y se elevó por los aires.

La noche era muy oscura cuando el príncipe bajó de la cometa, en lo alto del monte, y se deslizó dentro de la cueva.

El dragón dormía profundamente.
Con todo cuidado, el príncipe se apoderó
de la perla, puso en su lugar la linterna
de papel y escapó de la cueva. Entonces,
montó en la cometa y encendió una luz.

Cuando sus hombres vieron la señal,
comenzaron a recoger la cuerda de la
cometa. Al cabo de algún tiempo, el
príncipe pisaba la cubierta de su barco.

—¡Levad anclas! —gritó.

El barco, aprovechando un viento suave, se hizo a la mar.

Cuando salió el sol, el dragón fue a recoger la perla para jugar, como lo hacía todas las mañanas. Entonces, descubrió que le habían robado su perla. Comenzó a echar humo y fuego por la boca y se lanzó monte abajo en persecución de los ladrones.

Recorrió todo el monte, buscó la perla por todas partes, pero no pudo hallarla. Entonces, divisó un junco chino que navegaba rumbo a alta mar. El dragón saltó al agua y nadó velozmente hacia el barco.

—¡Ladrones! ¡Devolvedme mi perla! —gritaba el dragón.

Los marineros estaban muy asustados y lanzaban gritos de miedo.

La voz del príncipe se elevó por encima de todos los gritos:

—¡Cargad el cañón grande!

Poco después hicieron fuego.

¡Bruum!

El dragón oyó el estampido del disparo; vio una nube de humo y una bala de cañón que iba hacia él. La bala redonda brillaba con las primeras luces de la mañana y el dragón pensó que le devolvían su perla. Por eso, abrió la boca y se tragó la bala.

Entonces, el dragón se hundió en el mar y nunca más volvió a salir. Desde aquel día, la perla del dragón fue la joya más preciada del tesoro imperial de la China.